하늘나라 313호입니다

하당영지 김철 시집

프롤로그
prologue

요즘 시가 달달하고 맛나지고 있습니다. 이 맛 다른 이들도 느껴봤으면 좋겠습니다. 함께 맛보고 싶어집니다.

세월의 깊이가 아닌 사람의 깊이가 느껴지고 스며들면 좋겠다는 의미에서 누에고치가 뽑은 실로 집을 짓듯 삶을 뽑아내서 다시 삶을 짓는 일이 천직이라는 생각을 하게 됩니다.

그리고 다시 삶이 생명이길 간절히 바라면서 저도 살아갑니다. 또 하나의 삶이 삶을 이음 할 수 있도록 길을 열어주신 분들께 진심으로 감사드립니다.

하늘에는 구름이 있고 어둠이 있고 태양이 빛나는 곳이어야 하늘이듯, 땅에서는 숨을 쉬는 생명이 푸르르게 간절한 날이 계속되길 바라게 됩니다.

그래서 생명의 소중함을 연속하여 짓고자 시를 쓰고 짓는 일을 게을리할 수가 없습니다. 감사합니다. 그렇게 살 이유가 있어 감사합니다.

하당영지 **김철** 지음

차례

프롤로그   2

제1장
희망과 사랑의 노래

기다림은 희망이고 사랑이다	10
한가위 소년에게	12
한글날	14
동동바구	16
화왕산	18

제2장
세상을 바라보는 시선

표정	20
시월	22
추수감사절	24
정지 틈으로 하늘이 든다	26
윙크 한번 해보자	28
우리 우체통	30

하울링 32
고향 34
개망초처럼 36
어느 천년에 철쭉 같아져요 38

제3장
우리 시대의 이야기

우리는 일학년 42
상상 44
껍질 46
빨간 잠자리 48
한가위 달 50
목련·1 51
귀성歸省길 52
몽유운문화 54
하늘나라 313호입니다 55
창녕낙동강유채축제 56
500일을 비운다 57
간극 58
거울 60

다른 거울	61
비가	62
추석	64
불구경	65
하늘과 하늘 사이	66
다른 하늘과 하늘 사이	67
독일마을	68
가을을 이해하며	71
다른 가을을 이해하며	72
쉼	74
다른 쉼	75

제4장
개인의 삶과 성찰

아버지	78
친구	79
오늘	80
여기 이 자리에 있다가	82
미장원	83
상경上京	84

다른 상경上京	85
목련·2	86
중독	88
416	89
사랑 꽃이 핍니다	90
봄 아라	92
한낮에 개망초를 바라보며	94
징검다리	96
마카롱	97
보름달	98
다른 보름달	99
엄마도 엄마 처음이야	100
다른 중독	101
날리는 나뭇잎이 내게 와서	102
가을에 당도하여	104
얼마나 행복한지	109
에필로그	110

제 1 장

희망과 사랑의 노래

기다림은 희망이고 사랑이다

기다림 기다림 기다림이 외로워
화단 한켠 상사화처럼
외로움에 플러스한 사랑이
다시 꽃을 주시려나 봐요.
"기다려요."
"목 내밀어 봐요."
기다림은
외로움을 살찌우게 할 거예요.

오라 오라 오라 하여 가 보면
너무 가벼워
수많은 시선으로 날아가는 시간,
다시 회귀하는 만감의 시선을
어느 곳에 둬야 할지 기다림은
해마다 토를 더했지요.

그 사이로
5년을 서성이던 나와 당신은
희망은 놓아주고
사랑은 하였습니다.

한가위 소년에게

작가 생각

한가위 고향은 밤하늘의 달빛처럼, 전신주 가로등과 뻗어 내린 전선처럼 흩어져서 살다 어버이 품으로 이유 없이 찾아드는 한없는 사랑의 흔적, 그 흔적으로 살아갑니다.

그 옛날 소년은
알퐁스 도데의 별도
숨죽이며 보았던 부끄러운 달빛.

고향 별은 해마다
먼저 와 기다린,
무수한 여름날을
시리게 떨다 기절하듯 달려보네요.

이제 무던히도
부끄러움 없는 머리 굵은 설렘이다.

그 많던 밤아 고향아 어버이들아,
아들아 딸아 자손들의 소년아,
먼저 와 기다리는 고향의 별에게

아니라면
그 옛날 소년의
아들에게 달려가야 하나?

하늘 위 별은
여전히 가을이면
시리게 떨다 기절하듯 돌아가는데,

한가위 소년은 어디에 깃을 내리나!

한글날

빈틈없는 절규 들어준 날*
벼름 박**에 대고 소곤소곤
지우개와 살면서
567년간의 메아리***가 담벼락에 쓴 답,
'기역이 니은을 사랑해'라고 쓴다.

동네 어귀
양옆으로 휴가 중인 빽빽한 자가용 골목길을
나란히 걷는 삼대, 껌을 곱씹고 본다.
오늘
손녀는 자꾸 할머니 오른쪽만 보고 배우나?
무표정으로 반드시 왼쪽만 말한다.

"가짜 틀니는 제값 못해"
자식 오는 명절이면 귀에
앉았던 딱지가 삭도록 토하는 틀니 주인
매일 수돗물에 닦아내는 분풀일 한다.

요즘 한글, 틀니처럼 보정 중일까?
획획 돌고 있는 가짜 틀니 사이

자꾸만 말이 새려 든다.

＊2013년 10월 9일 23년 만에 한글날이 공휴일로 재지정.
＊＊'벽'의 충청도 사투리, 전라도에서도 쓴다.
＊＊＊세종대왕 한글 반포 567주년(2013년 10월 9일)

동동바구*

 '동동바구' 낙동강으로 스며드는 남강의 한 줄기를 감아 돌 듯 한적한 길가로 구부러진 코너를 지나면서 바로 작은 푯말이 보인다. 경남 함안군 가야읍 '동동바구' 이전에 지나면서 몰랐던 그곳은 말 그대로 다른 세상을 보여 준다.

 그 넓은 곳에서 반기는 이란 철장 안에 갇힌 백구와 머리카락 빛이 하얗게 세서 연세가 제법 되어 보이시고, 키가 제법 커 보이시는 주인어른, 입구부터 안쪽으로 쭉 길게 들어서 있는 정원이며 시설 하우스 너른 잔디밭 제법 커 보이는 통나무 집 곁으로 봐서 우리네 땅에 쉽게 정들지 않는 집이다. 이 모든 풍경이 주인어른의 솜씨란다.

 차를 주차장에 주차하고 그 건너의 잔디밭 안쪽으로 세워진 집은 사뭇 내가 캐나다 잠시 머물 때 묵던 집과 너무 비슷하다. 물론 크기에서는 좀 더 작다 싶었지만, 그때를 다시금 생각나 추억의 샘이 솟게 한다. 난 이곳에서 그 추억을 느끼며 이곳만의 새로움으로 잠시 돌아온다. 주인의 세심한 지음이 가득 찬 곳곳으로 사랑이 느껴진다. 서구적 연출이 많다는 아쉬움 말고는 흠잡을 곳이 없어 보인다. 곳곳에 숨은 아이디어며 배려와 존중의 흔적들 처음 시작했던 마음이 전해지는 기분을 느끼게 하는 집이다.

이곳의 시작은 사슴 농장으로 하여 취미 삼아 가꾸게 된 다육 식물들이 소문의 꼬리를 물고 최근에야 정부의 지원을 받아 다육 식물 시설 하우스를 열고 찾아오는 이들을 반기고 있다고 안내해주신다. 아 아련한 세월의 변화가 스며드는 대목 같다.

자녀들의 출가를 비롯한 공간의 허전함을 어쩔 수 없으셨던 것은 아닐까 하는 마음을 읽는다. 한 식구 지낼 수 있는 사랑채 같은 방이 있어 주인장께 잘만 말씀드리면 한밤 지낼 수 있는 행복도 맞볼 수 있지 않을까 하는 기대감도 느끼게 된다.
'동동바구' 전체의 대부분을 두루 채운 블루베리는 꽃이 피었을 때, 열매가 익어갈 때, 열매를 수확할 때, 모든 수확이 끝났을 때를 기준으로 나름 다른 행복을 안겨주지 않을까 하는 상상을 갖게 한다.

주인어른의 세월이 안겨준 행복이겠지만 우리 이곳을 통해 주인어른이 피곤하지 않을 만큼의 행복을 느끼고 가면 만족 아닌가 하는 나눔을 생각하게 된다.

* 경남 함안군 가야읍 서봉로 274-1 소재의 농촌체험농장. 대표 키워드는 블루베리, 다육 식물, 나무 공방, 체험교육, 사슴 농장 등이다.

화왕산

밤이면 밤마다 가을이면
설레다 잠이 들다 내리는
첫사랑의 안부를 연결하는 별에게
쏘이러 간다.

동네 어귀 가로등 불빛이 첫사랑처럼 빛날 때
화왕산을 오르면
우거진 소리도 억새고
흔들리는 소리도 억새인 용안容顔으로
지우고 지워도 흔들리는
태우고 태워도 흔들리는
부활을 기도하며 오른다.

달빛도 별빛도 첫사랑도 어디로 가나?
아픈 상처 앞* 처음처럼
억새로 간다.

*2009년 2월 9일 경상남도 창녕군 화왕산 정월 대보름 맞이 '억새 태우기' 중 강풍을 타고 번진 산불로 다수의 인명 피해가 있었다.

제 2 장

세상을 바라보는 시선

표정

바쁜 일상에서
잠시 가을을 캡처합니다.
그 많은 표정 중에
출근길 화단 난간을 서성이는 장지 도마뱀,
닭들,
병아리 떼
학교 앞 문방구에서 사 기른 닭들이란다.
흰 놈은 수탉인 듯한데
아직은
뒤집어보지 않고서는 알 수가 없다.
밤새 빗발치더니
어느 가을 나무 잎새가
내 차 문짝 위에
마지막 잎새를 놓고 간다.
가을이 익는다.

시월

시월은 청아淸雅*
시월은 뼈를 지나 영혼 속으로
물들어 오는 맑은 달

타인을 배우고
그곳을 찾으라 하네
모두의 소식을 모두의 알 거리를
이곳으로 찾으라 하네

시월은
무논의 주인이 아니더라도
피와 쌀이 함께 사는
논이란 놈의 바다의 물꼬

그새
시월의 논이 썰물을 배웠다.
이삭 하나 떨구지 않고
한겨울 울어대다

밑자락까지 질근 베이고
무건 똥에 숨을 몰아쉬는 황소가 되었다.

*속된 티가 없고 맑다.

추수감사절

끊임없이 어머니 손을 안아봅니다.

손목 위의 손을 수도 없이 모으십니다.
갈라파고스 땅거북*의 목살보다
어지러운 손을 봅니다.

울 어머니 주름진 손으로 기도했던 날,

버리고 또 버려도 쌓이는 돌무더기를
어머니 뛰는 심장에서 봅니다.

이천 년 전 그분 같을까요!

해그림자 아래 반나절,
달그림자 아래 반나절 갇혀
추수할 밭고랑을 고르고 일구는 어머니는
얼마나 기다리시나요.

이제야
어머니 손을 멀리 와서 봅니다.
닳고 닳아 광이 나는 어머니 손을
빼앗은 온기로
끊임없이 안아봅니다.

*에과도르령 갈라파고스제도에 서식하며 멸종 위기에 처해 있는 동물.

정지* 틈으로 하늘이 든다

작가 생각

어릴 적 정지에서 불을 지피다 그을음에 밤보다 더 어둠 같은 천장이며, 담벼락에 새어드는 빛을 보며 선물로 받은 희망은 이정표 없는 네거리 교차로 같기도, 퀴즈의 O·X 같기도, 희망이거나 걸림돌 같기도 십자가의 길 같기도 했다.

맑은 하늘 아래 있다는 건
벼락 맞을 확률에 대한
행복한 물음표 같은 것

정지 틈 새어드는 빛으로
희망 짓던 일곱 살에
끼어드는 작은 먼지들은 순한 걸림돌

돌이 가득한 세상世上
어둠 속에 숨어 사는 희망을
얼마나 많은 돌이 애태우게 하는가!

정지를 열고 나서는 희망은
피터 팬의 창문 같은 것

정지 검정 솥에서 부글부글 끓는 스무 살
울 때는 시원하게 울어줘
정지 틈으로 하늘이 들게

*부엌을 이르는 말.

윙크 한번 해보자

별은 하늘 알까!
달은 밤하늘을 알까!
해는 빛나는 걸 알까!
별이 말한다.
"그만 소원 좀 빌어"
"먼저 떨어지기 싫어"

알아 알아 별아,
너 말고는 다 보인다.
황홀한 이 낮에
숨어버린 별아,
반나절은 익숙하고
반나절은 순응한다

깨어 보니 아직 거기,
소원의 답장이 없어도
세상의 모든 애인愛人*은 좋든 싫든
모두 네게로 간다

별을 보며 운다
달을 보며 벗는다
해를 보며 웃는다
새벽을 밟아댄다 걸어간다
같은 사진 속에서
윙크 한번 해보자

＊쉰 살 된 사람.

작가 생각
'깍깍' 까마귀도 알까. 다르다는 사실을, 혹은 같아야 하는 사실을, 억지를 부린다고 도달해 있다면 쥐어짜는 눈물 한 번 있다는 사실을, 자신이 좋아하는 삶을 위해 모두를 등진 이의 눈물을 보면서 새삼 어떤 이에게든 죽어서든 살아서든 애인愛人이 애인愛人처럼 지나가나 보다 하는 생각에 '윙크 한번 해보자' 하고 적습니다.

우리 우체통

작가 생각
2013년 12월의 바람은 몹시 추웠습니다. 위쪽의 바람은 오죽할까. 집을 나서면서 우체통을 보았습니다. 새삼 야무지게 지켜보는 말뚝처럼 다가왔습니다. 간혹 먼 곳에서 오는 편지도 당당하게 담아 두고 기다리는 날이 빨리 왔으면 좋겠습니다. 〈고병원성 AI 확산을 막아라〉라는 기사가 예방접종을 하지 않은 맘을 철렁하게 했습니다.

바람이 일렁인다 아는가? 북풍,
바람처럼 속 보이는 가지치긴 명분이다
다 자란 가지를 꺾어버린 푸른 바람 소리
잃을 게 없는 숙청의 두頭 처리가 뒤숭숭하다
벽 위에 아스라이 올려진 달걀이
바닥에 닿이고 보니,
껍질 밖으로 흐르는 창자들을 바라보는 소리
엉겨 마르는 푸른 바람 소리
바짝바짝 속이 마른다.
썩어나는 고인 물에 냄새마저 거둬간다.
단지 할퀴는 재미에 더 재미 보는 못된 아이 아니길
간절히 순풍이길,
잔잔하라 잔잔하라 고요해질 태양 볼 수 있기를

신작로에 기다리던 버스 안 추억이 오면
노인의 노안에도 북쪽 위 소망이 보이길
잊지 않고 기다리는 우리 우체통,
대문 위에 걸어둔 빨간 심장이 된다.

하울링

작가 생각

아이는 그랬듯 공감과 난감을 오가며 성장을 했나? 비가 오면 하늘과 땅이 만나는가 했듯 그 터널을 지나오며 청년을 지나간다. 그래 그날의 비는 그치고 새로운 비를 만나고 그치기를 반복하다 지나가는 어른으로 익숙해져 간다. 세상의 모든 비가 간다(2014년 경상남도 의령군의 청소년 상담 의뢰를 받고 산을 넘어 강을 건너 외진 곳의 상담을 진행할 때의 단상을 적어봅니다).

먼 산 아래 갈림길은
오는 날이 장날이랬더니,
비도 숨을 고른다

공감共感이다.

얼굴 위에 눈물처럼 아이 같은 도돌이표
그 댁은 하늘이었겠는가! 땅이었겠는가!
주기週期 없는 시계추와 배려 어린 단내나는 소리에
문이 열린다
닭똥 같은 샘을 파는 아이가 온다

난감難堪이다

산 위에 나 어디에 나 다홍 잇단음표,
그 댁은 어느 별이었겠는가! 쓴 빛깔에
때를 쓴다

그래 아이의 반추反芻에다

꽃비처럼 흩날리는 하울링이 온다
비가 간다

고향

작가 생각
고향은 오늘의 아픔이고 추억이고 사랑이며 회복이다. 모두에게 도무지 드릴 수는 없어도 품어주는 둥지 같다.

따가운 가시밭이 고향이니 좋다

해는 따사로운 햇살을 선사할 줄 알지만
거기서 그만, 한숨을 보내버리지는 않는다

설은 흩어진 마음을 모으는 중
얼마나 간절한가? 서로에게
밤하늘 별 속으로
총총하다 못해 빛이 된다

밤에 다시 설이 오면
속삭이는 겨울 구들이 들썩이고
지질만큼 따뜻한 아랫목 선물이 한가득,

모레 그리고 설이 오면
아이들도 별을 보며 꿈꿀 수 있을까!
쓰고 써도 새로운 추억 속 앎이
앙금 같은 기억은 흔들어 올려도 추억 앎이

오는 날은 부족한 듯
붉어지는 눈시울이 풍성하다.

개망초처럼

작가 생각

시골 동생이 보내준 지난가을의 춘란이 지금 봄을 맞아 자기 이름을 말합니다. 꽃을 오래 두면 요놈도 지칩니다. 하여 꽃만 잘라 냉동실에 넣어두고 한 번씩 보았습니다. 우리네 추억도 그리움도 이리할 수 있는 것이라면 덜 아쉬움 남을 까요. 최근에 알게 된 동무들 밴드에서 추억을 그리움을 흔들었습니다. 감히 사랑한다, 말해도 괜찮을까 말하고 싶어집니다. 동무들아, 사랑한다.

개망초 얼굴에서 햇살이 웃습니다.

개망초 밑으로 뻗어간 길이
모두와 통할 듯
아래에서 꼭대기까지 햇살 이음처럼
절정에서 길을 놓겠지요.

잠시 모르는 곳 땅에 있는 타인들처럼
침묵을 삼키다 '꽝'하고 깨어나고
나도 한 줌 너도 한 줌 나누다
나를 보는 모든 이가 내가 보는 모든 이가
익숙해지겠지요.

"휘이 휘이" 쫓고 나면
다시 쫓을 새가 들듯

개망초 한 공간이 티끌이면 난,
단지 의미가 다를 뿐, 방식이 다를 뿐,
기간이 다를 뿐, 생식이 다를 뿐, 가는 곳이 다를 뿐,
익숙해지겠지요.

"휘이 휘이" 쫓고 나면
다시 쫓을 새가 들 듯이
익숙하겠지요.

어느 천년에 철쭉 같아져요

작가 생각

하늘 아래 모든 맘이 모여 가시는 길을 위로하지만 볼 수도 없고, 놓아 줄 수도 없어 목 놓아 울어도 슬픔으로 고이고, 가시는 이들의 기억만 씻기네요. 힘내세요. 일어나세요.

어느 천년에 철쭉 같아져요.
전혀 같아질 수 없어
무릇 탐을 내어 보았지요.

어느 때에 같아지나요.
아무래도 같아질 수 없어
무릇 함께인 것을
그래도 탐이 나서 너희로 보았지요.

약속을 보냈지요.
천년에 하루라도 같아질까 하여,

만개한 철쭉을 바라보며 잊혀간 날을
깨진 유리창* 너머 빨간 하트처럼
보냈지요.

가는 길에도 같아져야 합니다.
철쭉 피는 계절처럼 같아져야 합니다.

* 2014년 4월 16일 전라남도 진도군 조도면 '세월호 전복 침몰 사고' 때 선박의 유리창.

제 3 장

우리 시대의 이야기

우리는 일학년

작가 생각

요즘 '학부모 공개수업'이 한창입니다. 학부모는 이런 낙으로 살아갑니다. 예전부터 '다양한 청문회'가 열렸습니다. 우리도 낙을 알고 싶습니다. 한바탕 쏟아지다 되찾은 햇살처럼.

우리는 일학년
앞니 한두 개는 없어도
부끄럽지 않아요.
우리는 일학년
코딱지 좀 파서 입에 넣어도
창피하지 않아요.
우리는 일학년
누구나 하는 우리는 일학년
하하하 웃지요.
선생님은 입이 아프시도록
바른 말씀 하시고
우리는 일학년
삐뚬삐뚬 재잘거려도
용서받을 수 있어요.
우리는 일학년
아이! 사랑스러운
우리는 일학년
선생님도 엄마 아빠도
할머니 할아버지께서도
일학년이 되지요.

상상

입장료는 이천 원
남해 '해오름예술촌' 낮은 바닥은
고열에 결석 잦던 어린 소녀 눈의 소묘처럼
혹은
동전 먹던 구멍 난 바닥은
정물화처럼 희게 웃어 반기는 곳

퇴장 비용은 공짜
해그림자 숨어드는 교실 안에
맛난 빵 같은 버섯이
버섯이 자라는 마루
구석구석을 돌아 그립게 피는 효소처럼
한가득 상상으로 채웠다.

배가 부른 해는
반나절 흔들리다 사라져도
껄껄 웃어대는 소리는 하얗게 한나절

작가 생각

해가 나른 계절은 사계절이 아니다. 그중에 우린 사계절을 알고, 그중에 지금은 여름이다. 자연이나 세상은 더더욱 속을 가리는 이 계절에 사람은 더러더러 내보이는 계절이다. 이 여름에 남해를 찾아간 바람은 하늘 아래 푸른 빛이 아름답기 때문이다. 또한 그곳에 깃들어 푸른 '상주중학교'를 찾아서이다. 겉은 별 볼일이 없어 보일지 몰라도 속은 알차게 차오르고 있다는 소식을 들어서이다. 남해대교를 지나 고른 길은 아니었지만 대신 정신을 곧게 차리면 나름의 낭만을 여러 겹 입게 되는 곳임에는 틀림이 없다. '독일마을'을 지나고, '원예예술촌'을 지나다 보면, '해오름예술촌'의 대나무군이 초입에서 맞는다. 하늘의 검푸름이 물빛을 이겨내지 못하고 내려다본다. 그래서 좋다. 비가 계속 내리니 그날의 하늘빛이 그립고 물빛이 그립다.

껍 질

작가 생각

중학교 동창 녀석이 대구에 산다는 소식을 밴드에서 접하고 아리게 그리운 친구를 찾았습니다. 20여 년 만에 알게 되어 오늘 대구를 찾았습니다. 초행이라 고생 좀 했습니다. 그리고 시인의 거리(김광석 거리)를 행인처럼 지나가다 한 꼭지 적어봅니다.

'김광석 거리' 방천 시장
달성 공원에는 껍질이 있다
수많은 발이 벗어 논
재잘재잘 입술이 벌여 논
하루를 술렁이던 표정이 바꿔 논
고요히 담아내는 셔터 울림이 쌓아 논
마른 가뭄 거리를 재촉하여 벗길 만한
껍질이 있다

새로 단장 사이 푸른 것들 사이
상처는 아물고
그새 버섯 같은 소문은 많이도 퍼지고
지난 흔적들은 푸른 얼룩 안으로 굳어가고

우린 짓이라 해도
낙서이거나 추억이거나 왔다가는 발걸음처럼
걸음 위에 걸음이 겹치는
껍질이 있다

빨간 잠자리

작가 생각
고 가수 신해철 님과는 개인적인 관계가 있는 것은 아니지만, 그냥 나오는 노래 몇 소절 부르던 사람에게까지 그는 기억이 깊다.

빨랫줄에 빨래를 넌다

마른 줄에 생기 돌더니 그새
어느 날의 버릇처럼 젖은 빨래
허공에 툭툭 털 때마다
푸른 소리 되어 날아가던 물방울들이
여기저기서 등을 미는 바람처럼
돌아온다

우는 빨랫줄에 빨간 잠자리처럼
벗어나야 함도 알지만
이곳으로 가져온 탯줄처럼
끊어야 함도 알지만
짧은 숨으로 갔다
깊은 가을 속으로 갔다

빈자리마다
'내 마음 깊은 곳의 너'*로
앉았다

*고 가수 신해철 님이 1991년 발표한 노래.

한가위 달

하늘 안에 별이 들어 아양을 떤다
하늘 안에 달이 들어 아양을 떤다

마을 안에 밝은 별은 몇이 살기에
동네 어귀 꽃마다 얼굴은 밝아
그을린 밤을 잘도 닦는다
달은 내려와 뒤뜰에 개천 물빛도 닦고
이른 새벽 잠든 별은 얼마나 많은지
들녘마다 은은하게 물열매를 달았다

하늘 안에 해도 살아 밝은데
밤 물 뒤집어쓴 검댕은 가라지
오늘은
한가위 달과 함께 깃들게

작가 생각

'깃들다'의 의미가 어울리는 우리 명절 '한가위'. 모두가 길을 가다 그 여정 중에 혹여 맘 상할 일 있거든 하늘 보고 푸시고 얼굴 보고 푸시고 웃을 일 많으시길 모두 행복하시길 간절히 바라면서 한 꼭지 적어봅니다.

목련·1

당당하게 봄을 열었던 목련에게

그 끼는 어디에 내려놓고
온 봄을 덮지도 못하면서 하얗더니
너 없는 연두를 보게 한다

다시 3월의 봄날까지
나는 빈 몸으로 사느니,
사라지고 나오기로 분주한 봄 수레
그 수레 끌고 가는 봄바람 곁에
큰언니 얼굴 같은 초록 잎들로
오는 길은 언젠가 싶더니,
가는 길은 내려놓음이 힘들게 한다.

극명한 일이 많아지는 때에
더욱 극명하지 못한 아픔이 많으니 많이 아프게 한다.
그런데도 아픔은 목련처럼 보내야 하고
목련 잎에 파묻히는 너를 보며
간절한 흰 웃음을 웃게 하는가!

귀성歸省길

작가 생각

귀성길은 정해진 길처럼 즐겨 가야 하지 않을까요! 우리들의 고향은 한 잔의 취향으로 더러는 맛인지 향인지 헷갈려서 잊을 맛은 아니라고 봅니다. 환하게 웃다 여명黎明을 보는 것처럼 밝게 지내다 돌아오는 푸근함이 있는 곳! 감사가 보이는 곳! 사랑은 절대 셈하지 말아야 할 곳! 과하도록 주고 싶은 곳! 그래서 귀성길은 사랑 같아요! 우리가 설렘으로 사랑해야 할 곳! 고향!

귀성길에서
아이들은 창을 두드리며 재잘재잘
빗방울이 등을 두들기듯
이곳으로 저곳으로 다가와선 들어 달라 재잘재잘
몸은 천근만근이어도
마음만은 엄마가 아빠가 되어야 해요
아이들 표정은
유리컵인 양 깨질 수도 있어요
안으로는 꿍할 수도 있어요
그러다가도
뒤 안으로는 더 사랑스러울까요
재잘재잘 아이들의 입가엔
머그잔의 손잡이 같은 미소가 살아요
아이들의 입가에선
소망이 보이기도
톡 쏘는 가시가 보이기도 신기합니다
그래서 아이들 앞에선
뿌리 깊은 아이가 되어야 해요
그래야 아이들 거울은 펴지지요

몽유운문화*

말이 필요 없는
봄 봄이라고 느끼실래요
…
사랑은 사랑이라 느끼실까요
이렇게 바람이 흔들어요
이렇게 꽃눈처럼 내리네요
그렇게 여미고 간 여러 봄날 후에

첫 시선을 마주치고
이십여 년 구름같이
밤하늘의 별처럼 아는 게 시인밖에 없지만
좋으신 샘이
좋은 시와 사진으로 전시회를 여신다는 소식이 왔어요
봄처럼요
꼭 맞아보시라고

*여수 해안 통 갤러리에서 2015년 3월 24일부터 4월 13일까지 진행된 이원규 시인의 사진전.

하늘나라 313호*입니다

사람은 소유할 수 없습니다.
그 속으로 더 깊은 사랑은 더더욱 그렇습니다.
아등바등 땅을 밟아도
지구를 소유할 수도 없습니다.
그 속으로 더 푸른 봄 이하 계절은
더더욱 멈출 수도 없습니다.
우리도 땅으로 가면
누구도 소유할 수 없는
비로소 지구가 되어 보렵니다.
그 속으로 더 깊은 사랑은
하늘을 향했겠지요.
아 아, 겨우 일 획 살아와 날리는
아련한 향기 되어
하늘 사랑한 향기가 되렵니다.
진하게 푸른 눈 속으로
넣어져도 아프지 않을
여긴
하늘나라 313호입니다.

＊2024년 3월 13일 아내는 하늘나라 313호에 방을 잡았습니다.

창녕낙동강유채축제*

　창녕군 남지 낙동강 변에 차려진 봄은, 강바람에 아스라이 다음 주**를 기다린다
　딱 한 시간여를 거닐다 온 그곳엔 사람들의 눈도, 셔터의 눈도, 드론의 눈도 가득 담기에 여념 없는 드넓은 봄은, 마음을 부르고 자동차를 부르고 가족을 부르고 손에 손을 부르고 바람을 부르다 여기에 모이는 순간인가 보다. 모두 꽃처럼 밝다. 아기처럼 울다가도 꽃처럼 피다가도 모이다 흩어지고 바람처럼 흘러가는 행복 여운이 들어가는 봄은, 지금 남지에 머물다

　바람 불면 바람 되고 거기서 새싹이더니 꽃이고 향기더니, 꽃잎이다 여기까지 봄이다
　유채꽃 향기 나면 봄이라고 부르며 봄을 편다

＊2006년 1회를 시작으로 경상남도 창녕군의 대표 축제로 자리매김하고 있음.
＊＊2015년 4월 17일 창녕낙동강유채축제.

500일을 비운다

퍼즐이었다
그림자가 하얗게 되도록
뿌려주었다
그리고 벗어주었다.
닿을 수 있도록
그래도 허전하다
비움이 채워지지 않아서
약해 보인다.
속 탄다.
속 탄다.
500일을 비운다.
여기에 있을까요?
이제 놓아 주세요
밤하늘의 별처럼 빛나도록
내 마음의 흔적 위에 얹히도록
여러분을 사랑합니다.
그리고 용서하세요!

간극

꽃이 꽃을 넘어선 그 사이
봄이 봄을 넘어선 그 사이
해가 해를 넘어선 그 사이
비가 비를 넘어선 그 사이
향기가 향기를 넘어선 그 사이
라일락 향이 코끝을 비비듯 사라지는 그 사이
꽃잎이 더 꽃잎일 수 없는 그 사이
물결이 물결 위를 스치며 그리는 그 사이
자유가 자유를 넘어선 그 사이
사랑이 사랑을 넘어선 그 사이
지식이 지식을 넘어선 그 사이
몸이 몸을 넘어선 그 사이
영혼이 영혼을 넘어선 그 사이
갑질이 갑질을 넘어선 그 사이
가난이 가난을 넘어선 그 사이
풍요가 풍요를 넘어선 그 사이
나라가 나라를 벗어난 그 사이
관여가 관여를 벗어난 그 사이
세계가 세계를 벗어난 그 사이
질투가 질투를 벗어난 그 사이
싸움이 싸움을 벗어난 그 사이에 산다

여명이 여명을 벗어날 그 사이
이놈이 산다.
그 사이를 보며 우린 탄성하거나
괴롭거나 환희하거나 사랑한다
물이 물을 넘어설 그 사이
갈증이 갈증을 넘어설 그 사이
눈이 눈을 넘어설 그 사이
한없이 한없이 넘어선 그 사이에 산다
그래 도가 그래 도를 넘어설 그 사이
이놈이 산다
땅이 땅을 넘어설 그 사이
하늘이 하늘을 넘어설 그 사이를 살아간다

거울

10분의 9의 불행
10분의 1의 행복
편 봐주기는 아닌 듯,
거울 속 우리 아이들의 그림이
우리 부모들의 형상은 아닌지요!
오늘은 꼭 우리 아이들 표정을
보듬어주세요!

다른 거울

아이를 보며
나도 나를 다시 그립니다.
빛 나누며 밤을 흐르는 물처럼
입던 옷도 벗어주며 흔들리는 나무처럼
아이들이 꼭 나 같아서

아이를 보며
나도 나를 다시 사랑하는 법을 배웁니다.
아이들 표정 위에
은하수 위에 은하수 꼭 그려 주고 싶어서

아이를 보면,
꼭 그 위에 '나'를 그리고 있는 것처럼 다가왔어요.

작가 생각

부인하지 마세요. 아이들은 바로 나라는 걸요. 오늘은 아이들 표정 꼭 봐주세요. 그리고 '사랑한다.' 말하고 안아주세요. 매일 우릴 바라보고 자라날 사랑스러운 모습을 상상하면서요.

비 가

작가 생각

큰 더위가 몇 날이더니 지치는 이가 많아진다. 그래서인지 비가 그립다. 어떤 이는 여우비를 그리다 쉬어 간다. 모두 8월의 하늘을 바라봐주세요.

비가 지즐지즐댑니다.
비가 내 몸속으로 끼어듭니다.
빗소리처럼 뜨르륵 뜨뜨 뜨르륵 뜨득
비가 바람을 타다 웁니다.
비가 느리게 흐르다 모여서 달리다
강으로 가다 바다를 안았어요
비가 치즐 치치즐댑니다
후르륵 후르륵거리다 민낯으로 가다가도
분을 바르고 굽이치다가는 꺾어지고
지즐지즐대다가는 땅에 엎드려 잡니다.
비
그 소리에 사람도 잠이 들고
지구도 잠이 듭니다.
단지 아픈 곳이 더러 생길 뿐입니다.
비 가고 나면
해가 다시 햇살을 바르다 바르다 지치면 지고
별이나 달이나 총총히 박힙니다.
떨어지면 사람은 후회합니다.
하루 한 살 먹는다고
세상의 우리 말고 걱정하지 않는 것을 말입니다.
비가 지즐지즐대다 웃습니다.
그도 모른다고 웃습니다

추석

추석이라니
모두가 추석이 됩니다
추석이라니
모두에게 가을이 됩니다
찬 바람이 옷을 다집니다
나무도 잎을 다집니다
그 안으로 익는 열매가 누렇습니다
간혹 바람이 잎을 흔들거릴 적마다
누런 열매도 나왔다 들어갔다
기다리는 마음에는 석연찮다
문 안으로 떨어지는 나뭇잎도
그래도 나무는 허물처럼 벗습니다
돌아서는 부모 눈에는
찬 서리가 된서리 되는 거 필요 없습니다
기다립니다.
자식들의 귀환을
우리 곁에 다가오는
그런 사랑이어서

불구경

가을입니다
진짜 물들어 버렸네
진짜 구경났네
산마다 불입니다
들바람도 불입니다
강물도 햇살 타는 불입니다
먼바다 저 동네도 불입니다
진짜 큰불인데,
끄려들 않네
가을입니다
불구경입니다
여기까지 와서는 멈추질 않네

작가 생각
인터넷중독 전문상담사 양성과정 연수 중인 계명대(대구) 교정에 불붙은 미루나무와 단풍나무가 절정이네요. 엉덩이 아픈 시간의 연속이지만 모두 열정으로 가을과 함께 물들고 있습니다. 여러분들도 가을과 함께 물들어가는 여유를 가졌으면 좋겠습니다.

하늘과 하늘 사이

열애 같은

삶은

한마음으로

늦가을 벤치 위에 선물같이 앉아도

행운 같은

삶은

모양 없어도

낙조처럼 보일 수 있던 건

하늘과 하늘 사이

조화調和입니다.

다른 하늘과 하늘 사이

밤새 아이의 열을 닦다 꾸벅꾸벅 잠 지우다
열어 본 새 아침 하늘이
푸르디푸른 너울을 펴며 앉아서 바라봐줍니다
지친 손과 발은 너울처럼 흐느적흐느적 움직일 때
10분 전 초읽기를 시작한 마음처럼
줄무늬 면티에 남색 면바지로 가린 하늘이 되어 다가옵니다
동쪽에서 서쪽으로 향한 시간은
간단하게 식사 한번 할 시간에서 머뭇거리지 않습니다
회색 실로 선을 긋듯 다가간 곳으로
푸른 바람이 다가오며
시원한 갯내음이 다가오다 흩어지는 곳
다른 하늘과 하늘 사이에서 한숨을 돌립니다

독일마을

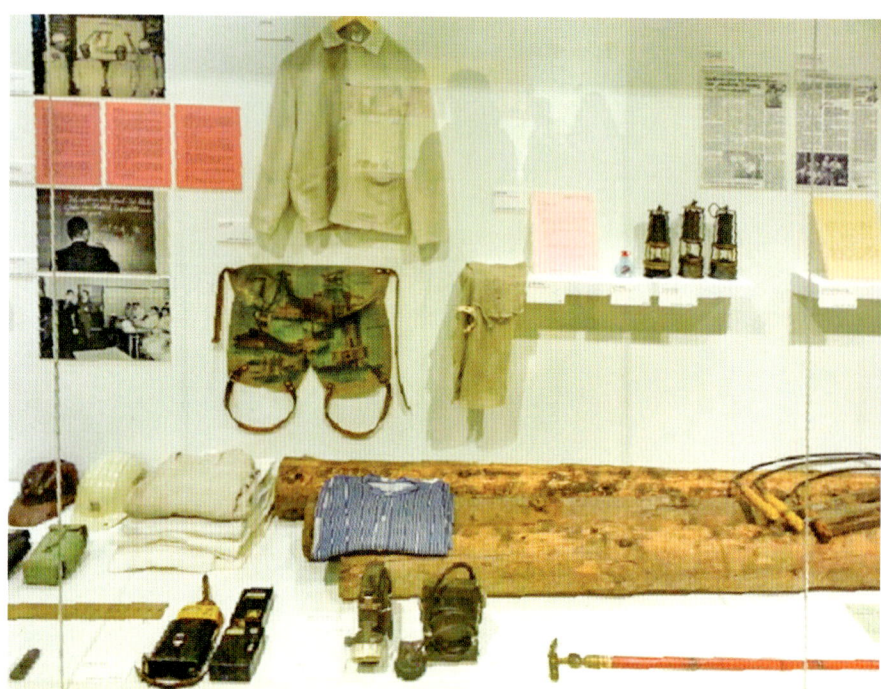

시나브로 다가간 곳에서는 독일 파견 근로자의 정취가 세워져서 자라는 독일인 마을 조금 가파르긴 했지만 해맑은 하늘이 함께하는 공간은 시원하기만 하고 오가는 타인의 시선이 의외롭기도 합니다 전시관을 들러 공예관을 지나 내려오는 길에는 통감자를 썰어서 꽂이에 꽂은 허니 버터 소스와 치즈 소스를 바른 꽂이를 들고 어린아이가 되어 봅니다. 한 조각씩 떼어 주는 손과 떼어 먹는 손이 부끄럽지 않고 더 내려오던 길에는 더 익숙한 타인을 본 듯한 데 서로 아는 척을 하지 못했던 것 같습니다.

주차된 차와는 반대편으로 돌아서 내려오며 더 너른 바다를 봅니다. 자유가 자유답지 않을 때의 하늘은 좁아지기도 했습니다.

다음으로 다가간 곳은 해오름예술촌 산골 속의 오두막처럼 오늘은 다가와서 빠르게 지나갑니다. 예전과 익숙한 곳으로 다가가서 바라보고 만져보고 맡아보는 그곳은 여전히 눅눅함이 묻어나고 녹녹하지 못한 살림살이가 느껴집니다.

가을 하늘이 오늘은 유난히 부끄럽게 합니다. 그 하늘을 등지고 어설픈 모양새 하려 해도 마땅치 않고 다시금 시퍼런 물을 바라볼 뿐입니다. 그리고 오천 원이 담긴 사든 화분은 머지않아 볶을 수 있는 커피를 내고 향을 퍼트릴 것입니다. 많이 그윽하게 오래 향이 피어오르길 바랄 뿐입니다.

너른 주차장을 두고 길가에 세워 둔 차로 가는 길에 등에서 타는 태양에게 꾸중하고 싶어집니다.

다음으로 다가간 곳은 하늘이 맞닿은 송정솔바람해변입니다. 바람이 가늘게 불어 제법 매섭습니다. 송림 밖으로 자리한 해변은 연인이 걷기 좋은 사랑스러운 해변입니다.

바람에 시를 쓰는 머리카락과 종이가 되는 옷자락은 하늘을 닮아갑니다. 바다 내음이 걷는 길을 따라오다 돌아오는 길에는 신기하게 사라지는 방법이 새로운 느낌으로 코끝을 자극합니다.

파도가 어울리는 물거품도 물도 모두 푸르고 맑아서 하늘이 매우 좋은 듯 같은. 거닐다 툭 차는 발걸음에 솟아 나오는 조개도 신기하고 물을 바르고 마르기를 기다리는 조약돌이 손끝을 피해가기 쉬운 곳.

하늘의 변화처럼 마음을 그리다 옵니다.

가을을 이해하며

가을이 함정을 깊게 팝니다
사막처럼 순전하게 가을을 팝니다
고개를 넘다 하늘을 보았습니다

다른 가을을 이해하며

작가 생각

참으로 맑은 하늘을 보면 아이들 눈의 깊이만큼 진실이 숨어 사는가 싶고, 탁해진 눈으로 바라보면 느낌이 탁해서인가 오늘은 가을이 더 깊어 보입니다. 하늘 한번 보세요. 기쁨으로 행복한 표정으로 하트를 그려보세요. 그만큼 여러분의 지경이 넓어지는 걸 알아가세요.

잎이 잎이라고 정해지기 이전이 좋았는지
나무가 나무라고 정해지기 이전이 행복했는지
숲이 숲이라고 정해지기 이전이 정말 좋았는지
모릅니다

쉽기 쉽게 함부로 함부로 짓고 부르기보다는
깊이 보아주고 느껴주기 위해 다가가는 바람처럼
그게 그대로 서 있게 하는 힘일 때가
있지요

바람이 바람이라 소리 낼 때까지
순풍에서 태풍까지 다양한 인간의 말이 도사릴 때가
있지요

견디다 못해 떨어지는 가을 잎이 아니고
흔들리는 여름 가지도 아니고
그 바람을 이해하고
그 가을을 이해하며
갈 뿐

쉼

산들이 내는 꽃 파티에서
향을 맡고 흔들리는 꽃잎사래에서
논다
풋고추가 담긴 감사 손에서
난 이렇게 논다
밀레의 이삭 줍는 여인들 그림에서
난 이렇게 논다
한 번도 쉼이라고 생각하지 않고 쉼이 왔다

다른 쉼

시월, 이쯤에는 쉬어 가는 곳으로

내어놓는 손도 쉬고
넣어 두는 주머니도 쉬고
고향 들어가던 발걸음은 마음 걸려 쉬고
돌아오는 발걸음은 어버이의 내젓는 손에 걸려 쉬고

이쯤에는 고향 들녘도 쉬어 갑니다.
벼 이삭은 한쪽으로 고개 돌리며 쉬고
밭고랑에도 한결같은 물결이 흔들리며 쉬고
메뚜기도 풀을 갉다 쉬어 가는
다음에 이다음에 쉬다 가는 가을 오면

어느 한 자릴 채우며 뛰어가는
우리요!
우리는 어디에 있을까요?

제 4 장

개인의 삶과 성찰

아버지

아버지!
슬퍼서 흘린 눈물 속에 빠진 것처럼
그립습니다!

"일사 각오"의 주기철 목사님처럼
최고일 때 용서를 구한 한경직 목사님처럼
겸손할 수 있다면
나도 나를 찾으려나
.
.
.
길 위에 나를 보며
아버지가 되어갑니다.

친구

말하고 싶어서
때론 내 발걸음이 내 맘을 밟습니다.
하늘 보고 가는 줄만 알았는데
사람을 보고 가고
바람의 소리만 듣는 줄 알았는데
귀동냥을 더러 하고
손이 시린 줄만 알았는데
두 손 모아 자꾸만 맘을 찾습니다.
속에 쏙 감춰진 맘이란 게 구름만도 못하여
자꾸 들통나고 마는 것이
꺼내 놓고 살아야 하나 봅니다.
어디 아프지 않을 곳을 찾아
잘 보이게 내어놓고
제발 욕심부리지 않길 바라면서
오늘은 하얀 솜털 신을 신어야겠습니다.

오늘

작가 생각
생각 중에서 생각을 깨면 사랑이 나올까요! 세상이 사랑할 만하면 좋겠습니다

오늘 첫 아침 나를 돌아보는 일이 없도록 하소서
오늘 나를 신처럼 여기지 않도록 하소서
오늘 걷는 한 걸음에 조바심 갖지 않도록 하소서
오늘 먹는 첫 숟가락에 최선을 다하지 않게 하소서
오늘 버리는 첫 식판의 잔반에 의미 두지 않게 하소서
오늘 갖는 첫 휴식에 여념하지 않도록 하소서
오늘 마시는 첫 찻잔이 혼자이지 않게 하소서
오늘 넘기는 첫 장의 넘김이 너무 늦지 않도록 하소서
오늘 한순간도 감사에서 놓이지 않도록 하소서
오늘 나누는 첫 마디가 나를 위한 말이 되지 않도록 하소서
오늘 마시는 첫 음료가 쓰다고 한들 피하지 않도록 하소서
오늘 듣는 첫소리가 참담하지 않게 하소서
오늘 잡는 첫 악수가 차갑지 않도록 하소서
오늘 이 순간에 만족하지 않게 하소서
오늘 감사가 최고로 끝나지 않게 하소서
오늘 이날이 나만의 하루가 되지 않게 하소서
오늘 길 위에 혼자 있지 않게 하소서
오늘 만족이 최선이 되지 않게 하소서
오늘 나를 바라보는 시선이 외롭지 않게 하소서
오늘이 운명적인 하루가 되지 않게 하소서
오늘이 마지막처럼 달리지 않게 하소서
오늘 저녁 식사가 마지막 식사 되지 않게 하소서
오늘 잠들기 전 혼자이지 않게 하소서
오늘이 한없이 평안해서 평안한 잠자리가 되지 않게 하소서

여기 이 자리에 있다가

여기 이 숨결이 있습니다
여기 이 몸짓이 있습니다
여기 이 손길이 있습니다
여기 이 발걸음이 있습니다
여기 이 마음이 있습니다
여기 이 행복이 있습니다
여기 이를 나눠줄 손길이 있습니다
여기 이 행복 나눌 길이 있습니다
여기 이 공감 나눌 조각이 있습니다
찾아야 하는데 지금 여기에서
알아야 하는데 지금 여기에서
알아야 하는데
더는 좋은 게 없는 지금 여기에서
지금 이 자리에 있다가
시간을 지워 버려야겠습니다
그렇게 뒤란이
낮이고 밤이고 뒤란이 좋습니다
참 좋습니다

미장원

머릴 다듬으려 미장원에 들렀는데
미장원 입구에 놓인 다육 식물도
파마했나 꼬들꼬들 마릅니다

10분 늦은 미용사가
머리는 깎아도
자기 몫은 깎지 않고
수다만 깎는데,
내 머리도 다육 식물이 될까 싶습니다
15분 동안
미용실 거울 안에서
실금 눈을 살짝살짝 떠보느라 분주하게 보냈습니다

상경 上京

시골 마당을 지키는 감나무와
저 멀리 박힌 별의
상경하는 길은 다양합니다

동네 어귀에 신작로가 보입니다
기다리는 어른은 온데간데없지만
신작로는 기다리고
밝을 때나 어두울 때나 기다리고
어느새 길든 신작로를
찾는 발걸음은
밤하늘의 별처럼 줄어들고
상경을 놓아야 하나!

다른 상경 上京

땅을 바라보지 않아도 그 자리에 다가와 늘 그대로 숨을 쉬고 기다리면 더러는 바람이 다가오고 그 길에 나비도 다가오고 꽃들은 진즉에 다가와 한 자릴 잡습니다
　내일모레 그리고 다시 다가오려거든 정신을 차려야지 일상처럼 다가오는 햇살처럼 멀리 갔다 오지도 못하면서 잠결처럼 차갑게 빛나는 달처럼도 아니면서 매양 그렇게 보릿자루처럼 앉아만 있다가도 아버지던데, 어귀에서 신작로를 모두 점령하신 눈에는 그놈밖에는 없었는데 손에 든 장난감도 걸쳐 맨 가방도 좀체 그 눈에는 성이 차질 않아서 다시 먼 산으로 두 눈을 쏘아붙입니다.
　그러니 아버지의 땅은 넓어만 갑니다. 진즉에 밭뙈기도 아닌 것이 논마지기도 아닌 것이 애만 태우더니 가을 하늘에도 빈 들이고 봄 밭에도 싹이 없으니 우리 아버지 너른 들은 허망을 써레질하는 봄 논 같습니다.
　그게 상경입니다. 취직은 했냐? 밥은 먹고 사냐? 누구한테 얻어맞지는 않냐? 그 소리가 아버지 입을 떠나 유랑한 후 다시 아버지만큼인데 그놈은 어디 있냐? 서울 있냐? 부산 있냐? 그놈은 어디 있냐? 내가 찍어 준 사람이 모두 당선되던데 그놈 하나 못 데려다 놔. 나간 놈들마다 다 상경입니다. 햇살이 묶어가는 밭뙈기처럼 깊은 나라에 사는 그놈은 항상 상경만 하냐? 어여 돌아와라 이게 상경입니다.

목련·2

작가 생각

언제나 봄이라서 온다는 건 온전할 수도 있겠지만 언제 봐도 그러하지 않다는 것은 행복하겠다는 생각을 한다. 이 같은 마음이 간절하니 봄이 근질근질해진다.

감기 걸리지 마라

배탈 나지 마라

헛기침하지 마라

오는 순간마다

놓치고 가는 꽃잎 생길까 떨립니다.

땅을 헤집고 나오는 순간마다

감기약을 사야 하나

소화제를 사야 하나

하늘은 햇살을 나눠주고

달은 별을 뿌려주고

밝은 날을 점찍은 눈들이 한둘 아닌데

나눠주고 뿌려진 게 많아서 이보다

하얄 수가 없습니다!

몸을 움켜쥐고 배탈처럼 피어나다

한 잎 두 잎 기침처럼 떨어집니다.

그 곁을 지나면서

해를 보고 달을 보게 됩니다.

이렇게나 가깝게 수도 없는 흑점을 그리며

크레이터의 주름이 번지는

외침이 이렇게나 화려합니다.

한나절을 다려주고

한밤을 식혀가는 그런 빛으로 내려와.

목련이었습니다.

중독

햇살이 튀는 산수유꽃 안으로
당신이 오네요
어디에서 모르지요
눈 안으로 쏙 햇살처럼 튀네요
비밀처럼
햇살이 받으면 자기처럼 빛날 거라고
잠시
작은 손으로 가려봤어요
가릴 게 없네요
이마 위로도 가려봤어요
눈만 흔들려요
봄이라면서

작가 생각

겨우내 껴입은 옷을 하나씩 줄이다가 마주하는 매화나 산수유를 보면서 중독이란 생각을 하게 됩니다. 사람은 사람대로 자연은 자연대로 모두가 사랑에 중독되면 좋겠습니다.

416

풀이 들에 피었다 지면
꽃이라 부릅니다
엉겅퀴도 피었다 지면
꽃이라고 부릅니다
416이 피었다 지면
노란 물안개만 핍니다
햇살 아래 뜨겁게
녹다 사라집니다

작가 생각

간절한 소망이라 하여 항상 보이는 소망으로 다가오는 것은 아닌가 봅니다. 미수습자(실종자) 9명의 가족에게 이미 간절한 소망의 소망이 당도해 있길 바랍니다.

사랑 꽃이 핍니다

사랑 꽃이 핍니다
사랑은 질투하지 않으니까
사랑은 미움을 부르지 않으니까
잠을 자도 괜찮습니다
꿈속에서 달아나지 않으니까
묶어두지 않아도 괜찮습니다

벚꽃은 핀다고 야단법석을 떨고 있습니다

사랑 꽃이 핍니다
떨어질 염려 없으니 괜찮습니다
흩날리지 않아도 예쁘니까
꽃 날리고 푸른 잎으로 가릴 일 없어도 되니
투명해서 괜찮습니다

사랑 꽃이 핍니다
푸르거나 빨갛거나 검정으로
떨어질 일 없으니 괜찮습니다
햇살이 아무리 짓눌러도
가을이면 물들 일 없어서 괜찮습니다
벚꽃을 바라보는 곳마다
사랑 꽃이 핍니다

봄 아라

작가 생각
첫 번째로 날아가고 싶은 친구가 있어서 좋고 행복합니다.

봄 아라
말하고 싶어서
발걸음에 설렌 마음
닳아만 간다

하늘 보고
아라 보고
잘 보이도록,

민들레 홀씨처럼
날아야지

한낮에 개망초를 바라보며

개망초를 바라보는 햇살이
내 눈에 반했어요!
살랑이는 햇살에
내 눈이 반했어요!
셔터를 누르고야 말았지!
그분은
얼마나 누르고 계실까요!

징검다리

나무 위 가지 하나 외로움은
단숨에 건너거라
아버지처럼

망설임이
숱하게 드러날수록
한 돌 내려놓고
순간순간 잊고 건너거라

노아의 방주를
물 위로 올려놓은 큰비라도
망설임 없이 잊고 건너거라
어머니처럼

오늘은
첫 번째
두 번째도 아닌
세 번째 비둘기처럼 나아가라

마카롱

부서지지도 말아야지
으깨지지도 말아야지
너무 달지도 말아야지
혼자 먹지도 말아야지
마음으로 먹어야지
녹여서 먹어야지
사랑으로 먹어야지
간절히 먹어야지
사르르 녹여 먹어야지
눈으로 녹이는 별처럼
숨겨두고 먹어야지
사랑이 너무 달다
달아서 곰팡이가 피어도
좋으니
간직하고 싶을까요!

보름달

하루가 당신처럼
끊긴 소식처럼 저물었다.
어느 곳에 별처럼 올라 있을까
보이지도 않습니다
반짝거리지도 않습니다
저 안의 홀씨처럼 머뭅니다
어디로 갈까 하다 저물어버렸습니다
흐린 달을 적으면서 말했습니다
그의 얼굴 비춰달라
간절히 물었습니다
밀어낼 수 있는 건
세상의 어느 것이 아니라
너일 뿐이라고
하루가 당신처럼
다가오면 서슴없이
마중할 것이라고

작가 생각

이날에 모이면 이야기보따리는 술술 풀리는 주머니처럼 끊이질 않습니다. 더 많은 추억이 채워지고 그리움이 저장되어 사랑 노래 되도록 가족을 바라봅니다. 이웃을 바라봅니다. 행복을 노래하고 계신 모두에게 작은 마음 보내드립니다.

다른 보름달

표정이 예쁜 사람이 있습니다
단순해 보여서 예쁜 사람이 있습니다
적당한 실수도
예쁘게 보이는 사람이 있습니다
입술이라도 바르고 올게요 해도
밉지 않은 사람이 있습니다
주근깨가 속으로 잔잔하게 보여도
예쁜 사람이 있습니다.
말에 요술이 없고 매력이 있어서
예쁜 사람이 있습니다.
겸손하게 겸손할 줄 아는
겸손이 있어 예쁜 사람이 있습니다
이렇게 속이 편하고 예쁜 사람입니다

작가 생각
한가위 보름달은 아직 못 보았지만, 모두에게 환하게 기쁨 드리는 보름달이 되시길요. 지금 시골 달은 구름으로 흐리지만, 다시 밀고 나오겠지요!

엄마도 엄마 처음이야

아이를 이해하며
마음을
도둑질할 수 없다면,
아이를 이해하는 것처럼
마음을
가르치려 들지 말아요
처음 엄마처럼
이유식을 처음 주는 정성으로
관심으로 이야기하면
아이들도 알아요
이 세상을 살아가는 게 전쟁 같아도
부모를 포기하면 안 되잖아요

다른 중독

강하게
박동하는
장시간의
애정이 필요해요
무엇에 중독되어
나를 내어주는 영혼이 되지 말아요
나로
나를 드러나게 하는 정도의 중독
참 어려운데
관심과 사랑으로
다시 시작하는 여명이
포근한 날 될 때까지 기다려줘요

날리는 나뭇잎이 내게 와서

향기와 동숙하는 꽃처럼
꽃처럼 닮아가는 너에게
당직이라 사무실 출근해서 둘러보다
사무실 옆 덱 위로 날리는 나뭇잎을 치우면서
몇 잎을 취하여 다시 꽃을 만듭니다
맘을 추스르는 약이 되는 듯 감사합니다
점심 먹으러 나갔다가
날씨가 봄날 같다는 말을 들었습니다
'봄날은 간다'가
'봄날은 같다'와
같을까요!

가을에 당도하여

작가 생각
모두에게 시원한 여정의 파스를 붙여드리고 싶은 계절입니다. 시절이 하도 수상한 구석이 많아 혼란스러움이 간혹 찾아올 때 깊은 한숨짓지 마시고 평안하시길 담아 내려놓습니다.

스물네 살 첫 겨울을 정동진 해맞이로 보내었던 여운이 이 가을 그곳으로 향할 마음을 선사했습니다.

삼 주 전에 어렵게 정하면서 서너 번의 변화가 생길 뻔도 했지만, 이번엔 양보할 수 없어서 진행한 금요일 밤의 긴 운전과 고독과의 전쟁을 치르며 넘어서는 진부령 고개는 칠흑 같은 새벽어둠과 진눈깨비 같은 낙엽 비가 쏟아지며 반겼습니다. 순간 '날 샜네'라는 말이 저 깊은 곳에서 터져 나왔지만 잠시 눈을 붙이고 났을 때는 자욱한 먼 산의 안개가 그 마음을 억누르고 반겨왔습니다.

여독을 생각할 겨를도 없이 1박 2일의 일정을 찾아 아침 일찍 부산을 떨고 일어나 정동진 해변을 산책하며, 옛날 그 새벽의 시비와 기차를 기다려보았지만 내가 속절한 건지 시절이 아픈 건지 기차도 시비도 찾아보질 못하고 아침 산책은 막을 내리고 말았습니다.

다음으로 속이 말해주는 대로 식당을 찾아 순두부찌개로 아침 배를 든든히 채우고 나서 못내 아쉬운 그 시절 정동진의 흔적이란 멈춰 선 기차가 시간박물관이 되어 기다린다는 사실과 시계 공원으로 동해를 바라보고 그 시절을 추억하는 사람에게 아쉬움을 달래는 시간으로 있다는 사실을 확인하고 다음 길을 재촉합니다.

그때 그 시절처럼 다다른 오죽헌 들어가는 입구 쪽에 현판

이 참으로 맘에 듭니다. 주차할 곳이 마땅치 않아 가게 앞으로 겨우 주차를 하고 돌아서는 맘이 무겁습니다. 오죽헌이니깐 서둘러 발걸음을 재촉합니다.

들어가는 중에도 인파는 불고 불어나는 수위처럼 차오르는 느낌입니다. 경남에서 이 먼 곳을 찾아온 아는 분을 만나고 방문하는 곳곳에서 다시 봐도 반가워 서로 눈인사를 하고 안다는 건 참으로 정겹고 좋습니다. 그때 그 시절 기억을 더듬어 생가를 시작으로 소나무와 오죽 전시관 박물관을 돌아보며 아쉬운 신사임당에 대한 갈증을 뒤로합니다.

'허난설헌' 생가를 방문하려 했다가 거리 계산 착오로 놓치게 되어 못내 아쉬움이 남습니다. 오죽헌에서 매우 가까웠다는 사실 나중에 알고 나선 속으로 대성통곡하고 첩첩산중에 앉은 향기 나는 커피박물관으로 길을 재촉. 가는 길마다 단풍이 맞이하는 장관은 잠시 차를 세워 찰각찰각하고 싶은 유혹으로 다가왔지만 서둘러 도착해봅니다.

입구 주차장에 들어서면서 코를 사랑스럽게 마사지하는 듯한 커피 향에 이곳이구나 합니다. 커피 찌꺼기를 커피나무 하우스 주변으로 두루두루 뿌려둔 덕인가 싶습니다. 냄새가 고소하고 달콤하여 좋은 곳입니다. 입장료가 있고 다섯 개의 코스로 이뤄져 있으면서 마지막에 시음할 수 있는 시음권이 주어집니다. 커피 향도 향이고 이 깊은 곳으로 알음알음 찾아오는 마니아들도 좋고 산이 지천에 단풍이니 좋습니다.
다음으로 대관령 박물관을 찾습니다. 개인이 세운 박문관이라는데 자연과 넓은 지형이 부러움을 자아내게 하고 박물관 옆으로 흐르는 계곡물이 여름을 자극합니다.
그리고 고개가 고개 구불구불 고개를 넘어 도착한 곳은 대관령 양떼목장입니다. 높기도 높지만 내게는 뜻깊은 흔적을 바람으로 보내버린 곳이기도 합니다. 그래서인지 숙연함으로 더 아픈 곳입니다. 비가 조금씩 내리는 중에도 늘어나는 사람들은 양을 보러온 것인지 사연을 찾아온 것인지 구분 못 할 표정들 일관입니다. 마지막 일정이었던 남이섬은 늦어진 관계로 다음을 기약하며 놓아주어야 합니다.
짧은 일정에 자가운전이다 보니 많은 피로감이 쏟아지는 가을은 그때 그 시절의 추억을 오늘 시절의 추억으로 옮겨놓을 만큼 뜻깊은 시간으로 다가옵니다.

내 마음을 다스려 내 마음을 다스려
네 마음의 이웃이 될 수 있다면
그것으로 흡족하길
초심으로 변덕 하는 내 마음에 부탁합니다
내 마음을 다스려 내 마음을 다스려
네 마음의 착한 흔적이 될 수 있다면

그것으로 흡족하길
스치는 바람에도 변덕 하는 내 마음에 간청합니다
내 마음을 다스려 내 마음을 다스려
네 마음의 그리운 영혼이 될 수 있다면
그것으로 만족하길
해와 달과 별 사이 오가는 눈길에도
변덕 하는 내 마음을 달랩니다

얼마나 행복한지

 살아오면서 당신이 내 옆에 소중한 사람으로 속삭이고 있어서 얼마나 행복했는지 알아요
 그런 날이 많이 아주 많이 준비되어 있다는 게 얼마나 행복한지 알아요
 한마디 말에 삐질 때도 있었지만
 행복할 때가 더 많았기에 행복이 승리한 거라 말할 겁니다
 내가 당신 곁에서 무엇이 되어줄까 고민할 때가 많았는데
 지금은 당신에게,
 언제나 당신 그대로 아름다움과 사랑스러움을 발견하고 건강하게 일상을 행복하게 살아가는 모습을 바라보며 격려하고 지지하고 배려하는 사람으로
 지금 여기에 이게 최선이라는 걸 말해요.
 그래도 마음이 따뜻하게 당신을 "사랑한다." 말해요.
 "사랑해!"라고 말해요.
 "산타야 사랑해"라고 말해요.
 세상에는 산타가 참 많아요.
 그중에 산타를 만나

에필로그
epilogue

꽃이 그리워 바라볼 때보다
꽃이 아플 때 더 향기 나더라
순 사랑이던 그때로 돌아가면 향기는 없는데
한참을 돌아오다

수다를 떠는 시간이 많을수록
그때를 떠나 향기는 더 강하더라
꽃이 아플 때 더 향기 피어 더 멀리 존재를 알림처럼
어느 때고 간절하게 살아본다는 건 아프지 않고 향기 나는
방법일 수도 있어

동대구에서 아내를 픽업해오다 한참을 수다 떨었다. 그러다 웃다가 잠잠하다 한 시간 반을 운전해오다 지치는 줄도 모르고 쉼 없이 왔다.

간혹 내 안에 너는 나를 바라보는 페르소나
그 안에 나만 있을 수 없다는 건 네게 빼앗긴 시간이 쌓여서 그런 거야.

우린 아프지 않고 향기 나는 꽃을 배워가는 중이다.
지금 그 아내가 곁에 없습니다.
그녀의 주소는 하늘나라 313호입니다.
그녀에게 보내는 첫 번째 편지입니다.

작가 **김철** 올림

하늘나라 313호입니다
하당영지 김철 시집

펴낸날	2024년 9월 13일
지은이	김 철
펴낸이	오하룡
펴낸곳	도서출판 경남
주소	창원시 마산합포구 몽고정길 2-1
연락처	(055)245-8818, fax.(055)223-4343
블로그	gnbook.tistory.com
이메일	gnbook@empas.com
등록	제1985-100001호.(1985. 5. 6.)
편집팀	오태민	심경애	구도희
ISBN	979-11-6746-153-7-03810

ⓒ김철

＊잘못된 책은 바꿔 드립니다.
＊저자와 협의 인지 생략합니다.

〔값 10,000원〕